LIVRE DE
COLORIAGE
DE
POISSON
POUR
LES ENFANTS
I0711290

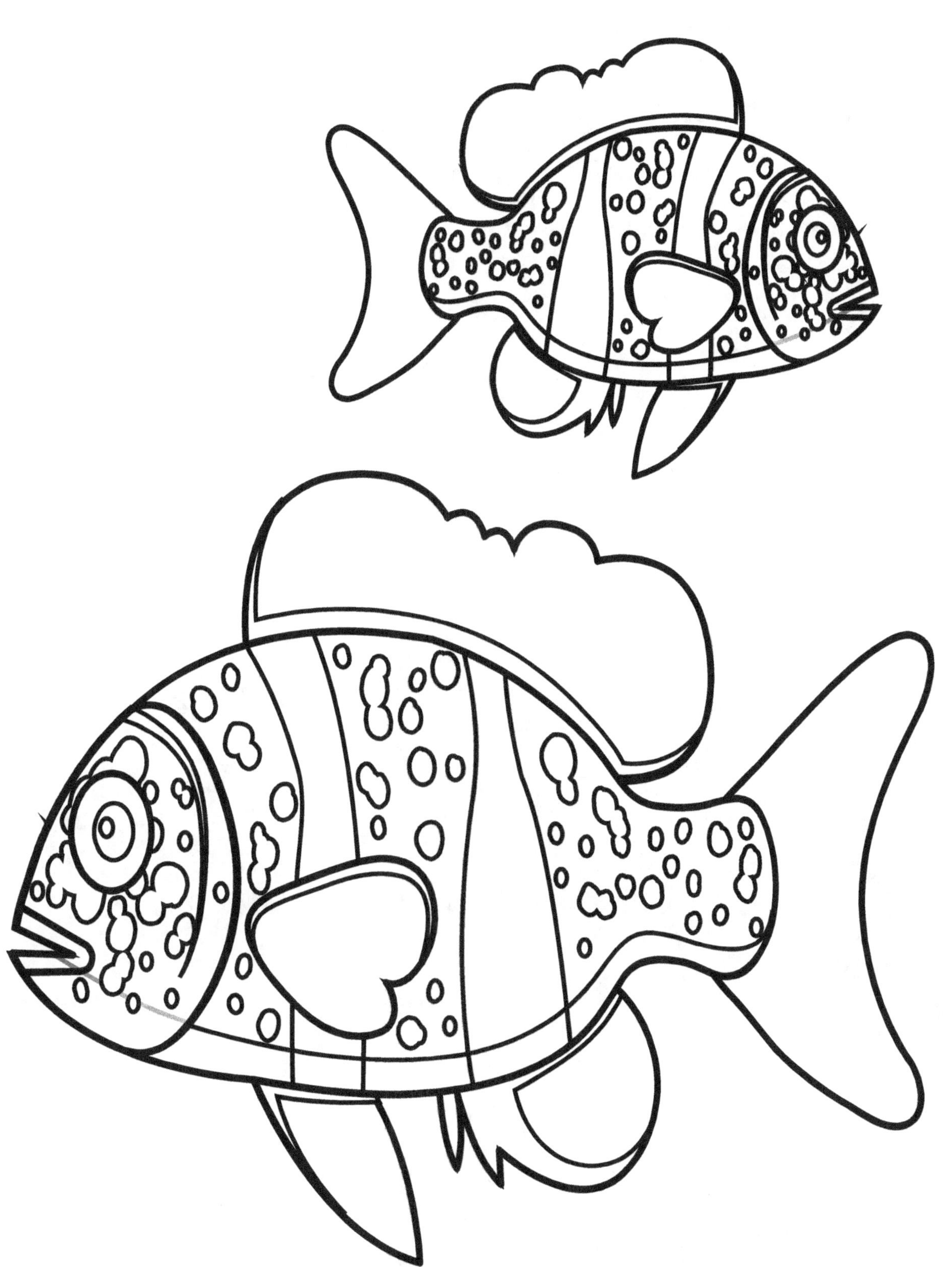

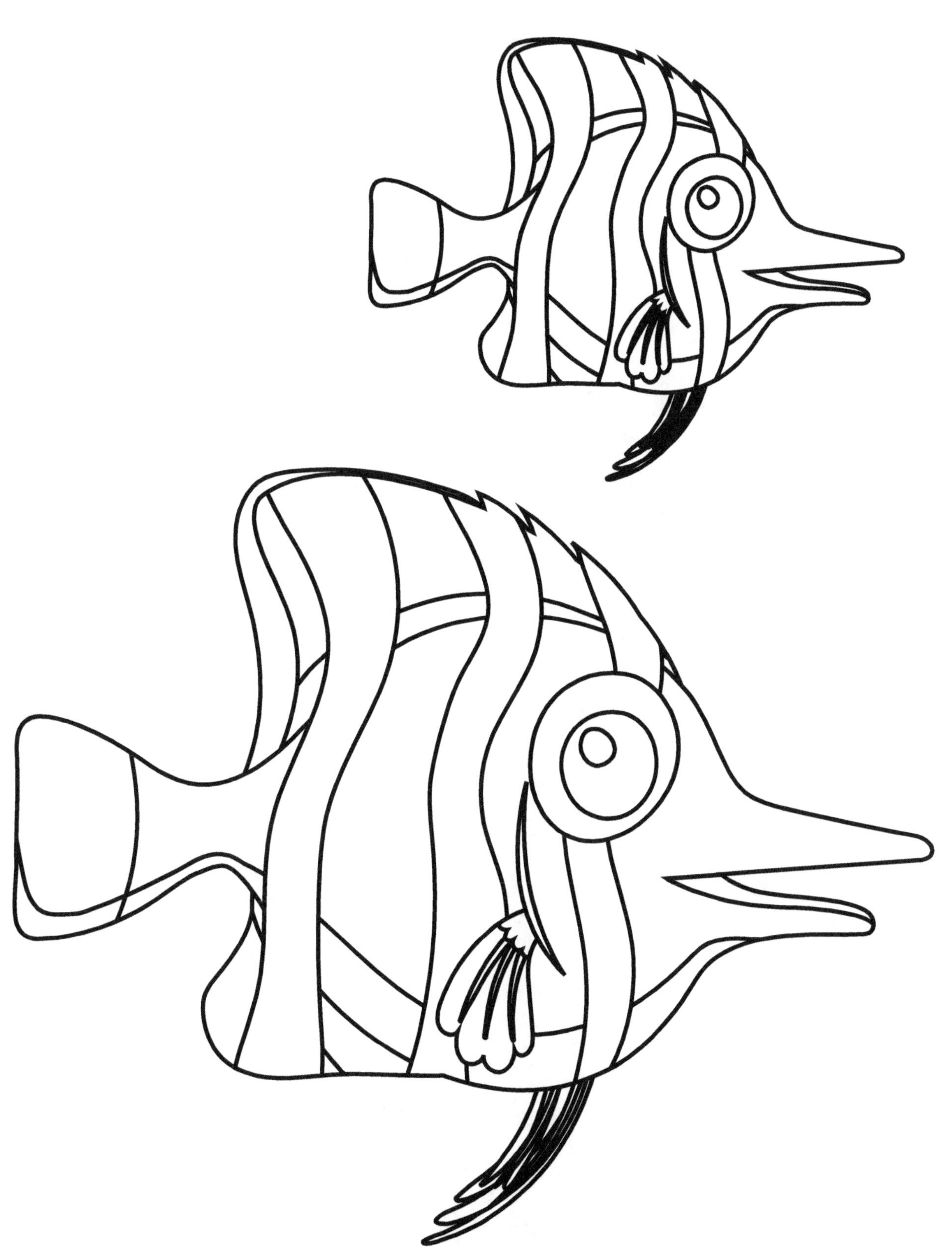

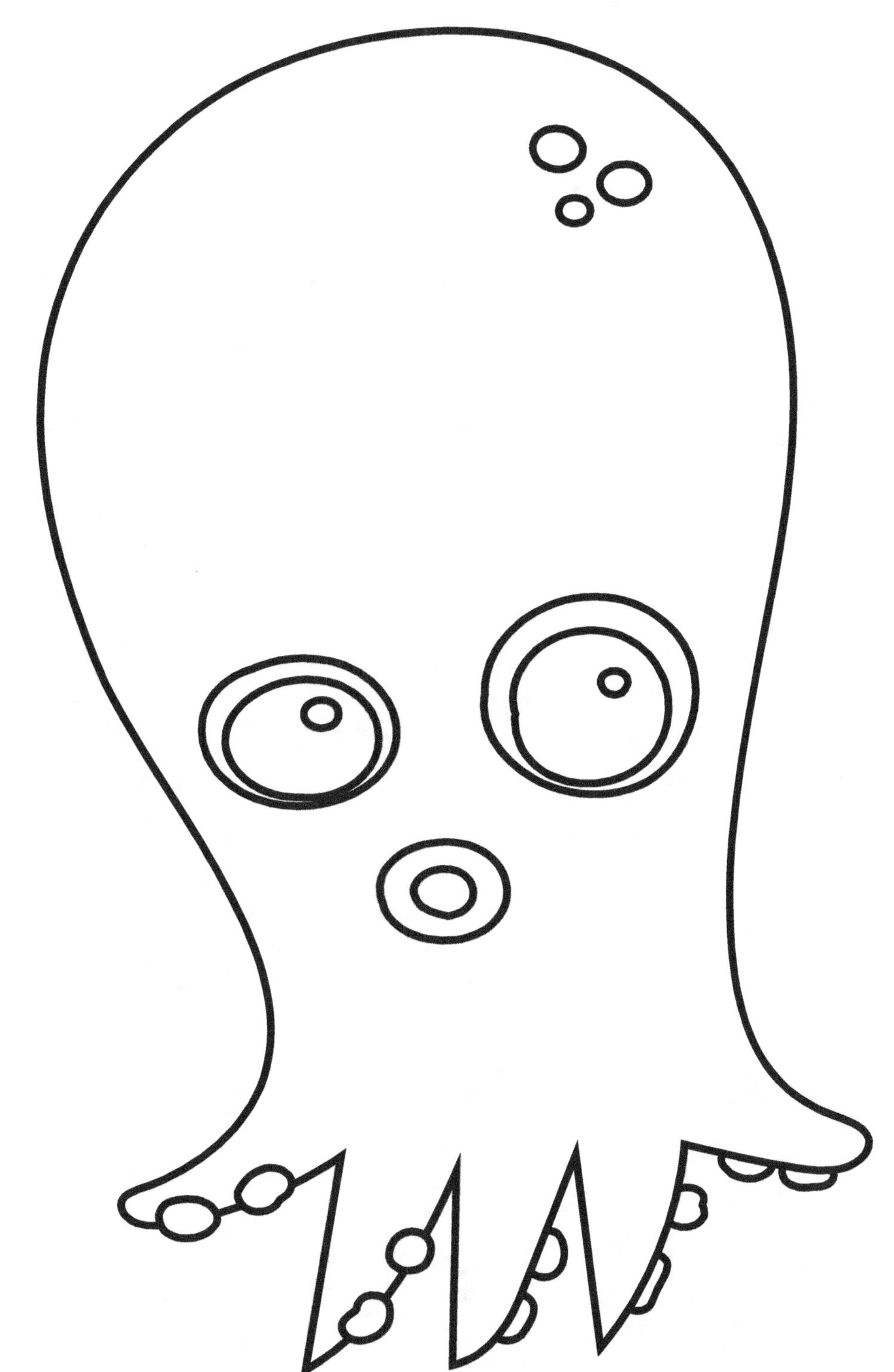

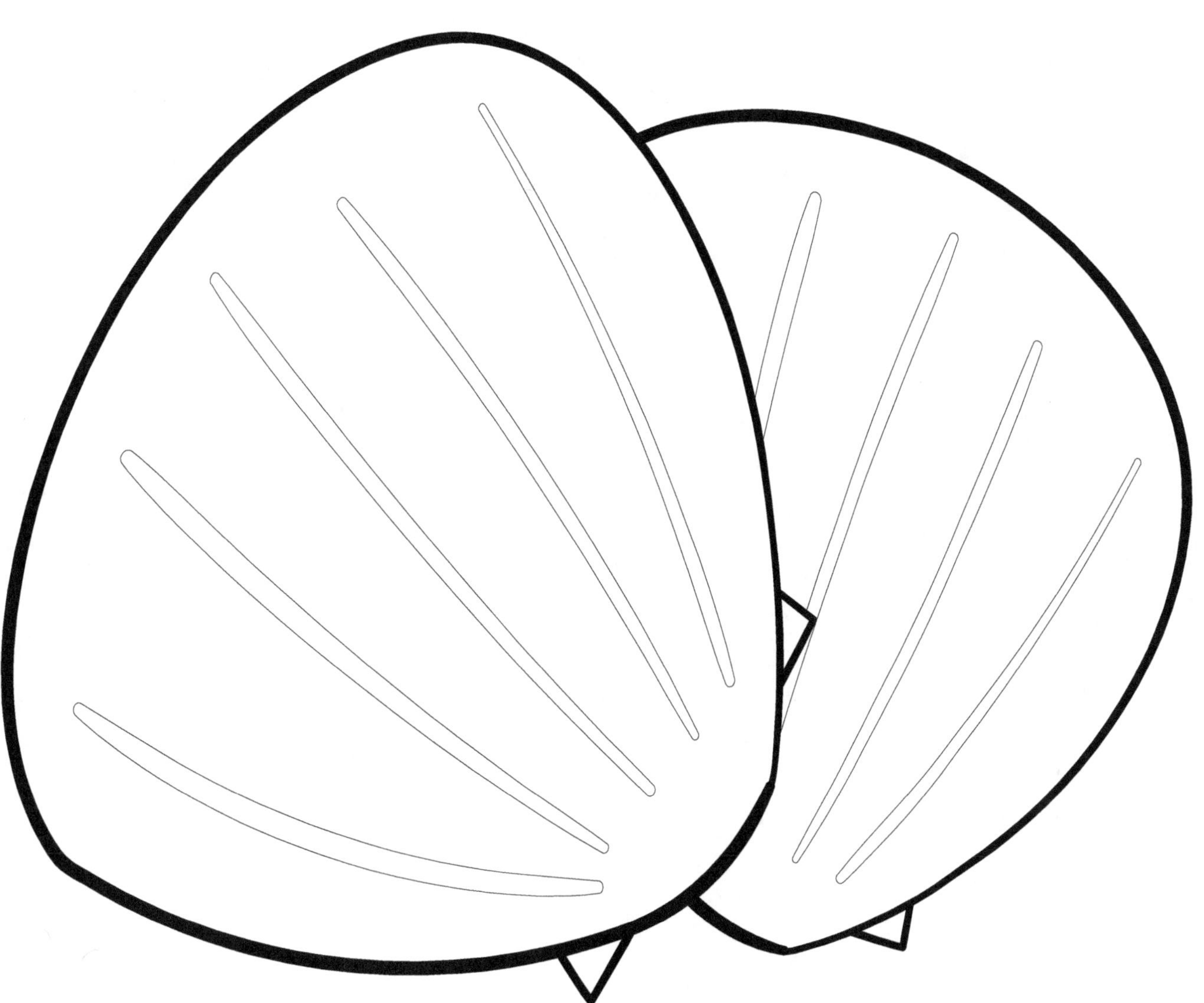

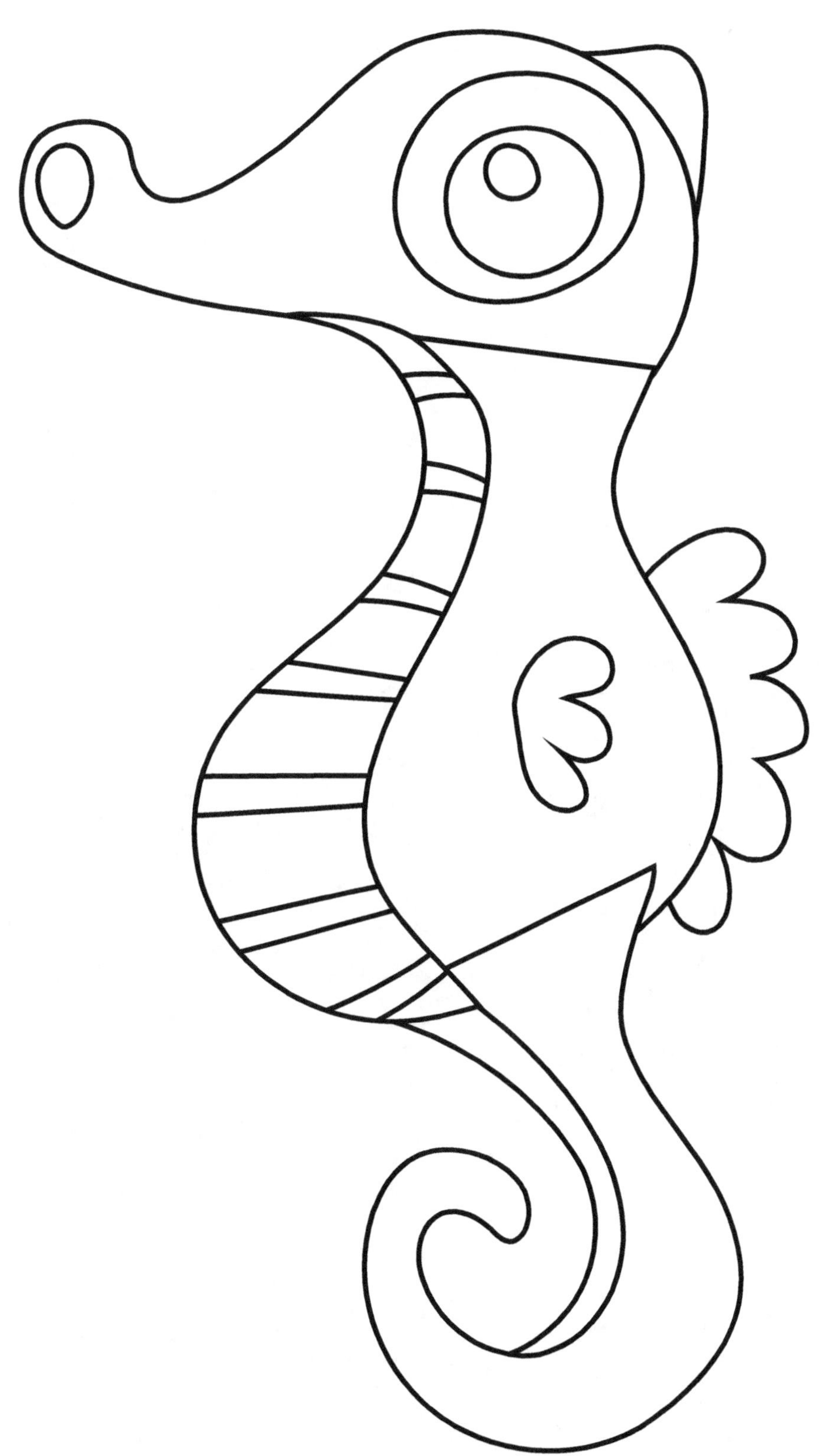

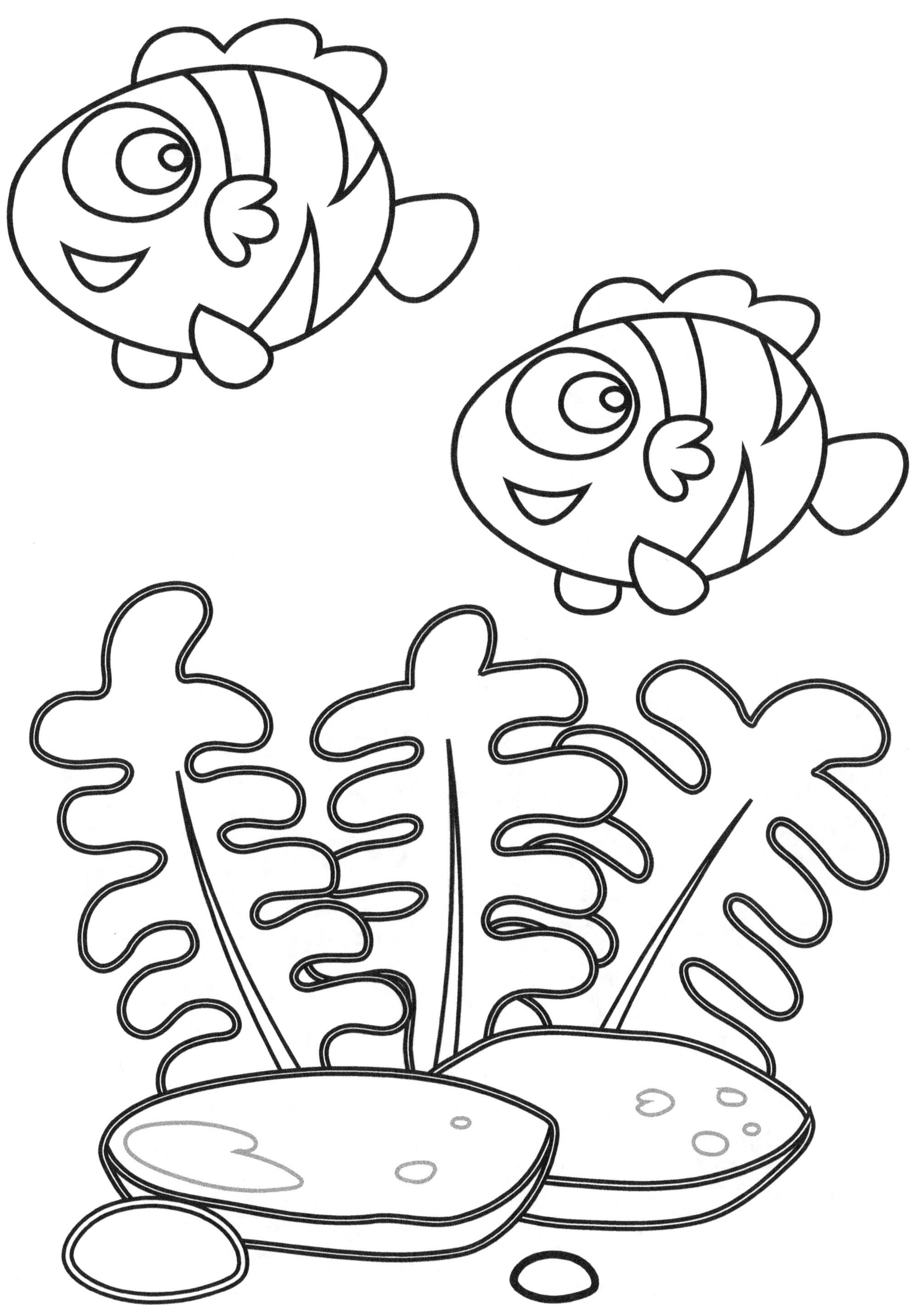

www.ingramcontent.com/pod-product-compliance
Lightning Source LLC
Chambersburg PA
CBHW081456250726

48662CB00009B/3110